Made in the USA
Monee, IL
27 January 2022

90031831R00072